PHILOMELE,

TRAGEDIE,

REPRE'SENTE'E POUR LA PRE'MIE'RE FOIS

PAR L'ACADEMIE ROYALE

DE MUSIQUE,

Le Mardy vingtiéme jour du mois d'Octobre 1705.

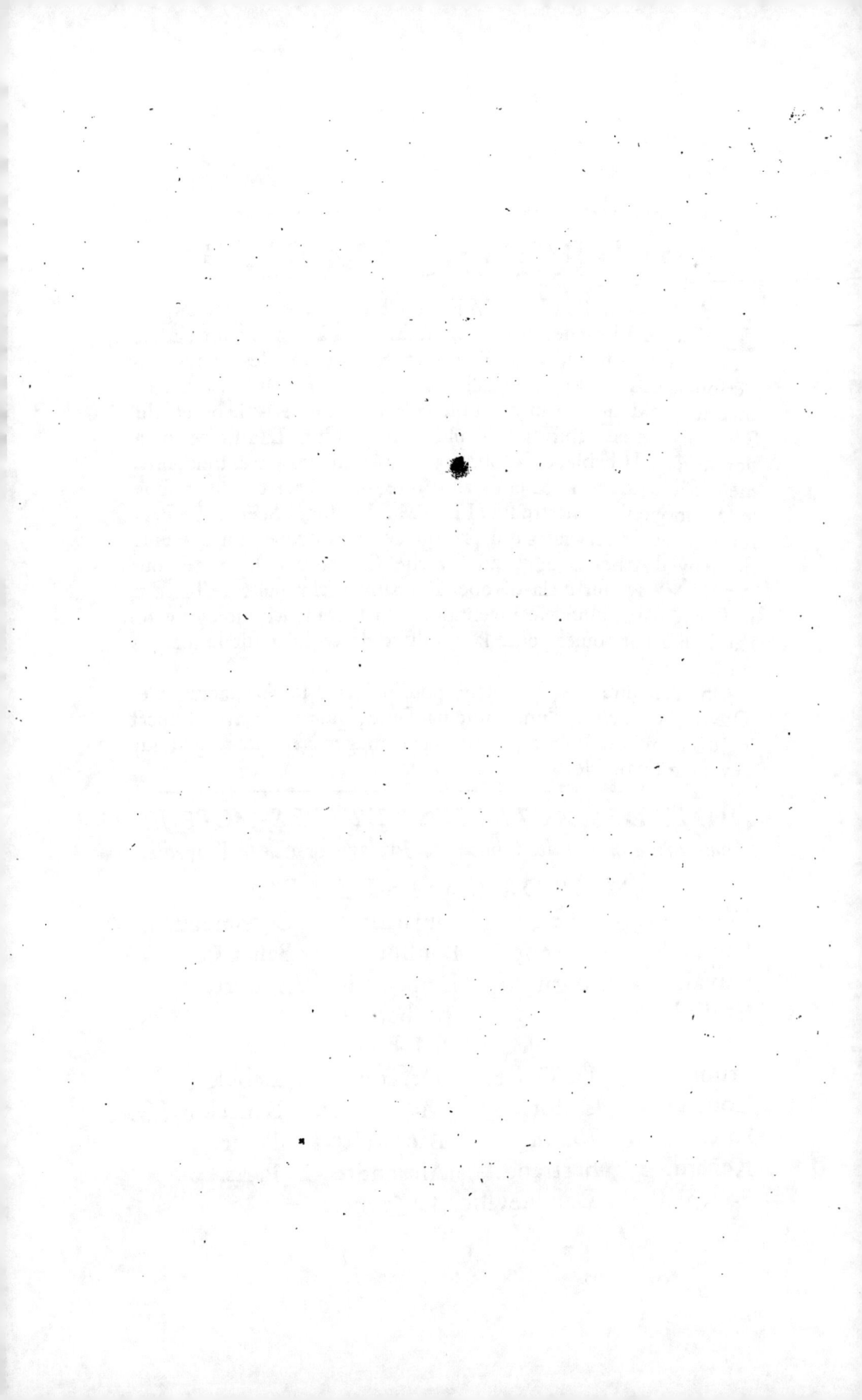

AVERTISSEMENT.

LA Fable de PHILOMELE eſt rapportée fort au long au ſixiéme Livre des Metamorphoſes; mais à proprement parler, on n'en a tiré que l'idée de l'intrigue, & les noms des principaux Perſonnages de la Piece. Il falloit adoucir des caracteres odieux, ôter des incidents qui auroient bleſſé la bienſeance & la pureté du Theatre, & en ſubſtituer de plus convenables. L'Hiſtoire qui a donné lieu à la Fable, en a fourny quelques uns, les autres ſont purement d'imagination, & pour ainſi dire, hazardez : c'étoit preſque le ſeul moyen de mettre PHILOMELE ſur la Scene. Le Perſonnage de MINERVE qui protege cette Princeſſe, comme Fille du Roy d'Athenes, & qui favoriſe ſon amour legitime pour ATHAMAS, afin de la dérober à la paſſion criminelle de TERE'E, n'eſt pas d'une nouvelle invention. Un ſçavant Mythologiſte de l'antiquité fait rouler toute la conduite de ce ſujet ſur le ſecours de MINERVE.

On n'en dira pas davantage pour prévenir le Spectateur. Cet Ouvrage eſt l'eſſay d'une Muſe naiſſante, qui attend avec reſpect le Jugement du Public, pour s'encourager à meriter qu'il luy devienne favorable.

NOMS DES ACTRICES, ET DES ACTEURS
chantants dans tous les Chœurs du Prologue, & de la Tragedie.

MESDEMOISELLES.

Cénet.	Baſſet.	Dujardin.	Cochereau.
Dupeyré.	Vincent.	Pouſſin.	Baſſet-C.
Duval.	Loignon.	Demerville.	Aubert.
Guillet.		Joubert.	

MESSIEURS.

Prunier.	La Coſte.	Deſvoys.	Lebel.
Courteil.	Cadot.	Mantienne.	Boutelou-fils.
Solé.	Jolain.	Alexandre-L.	Perere.
Renard.	Bertrand.	Alexandre-C.	Paris.
Fournier.	Dacqueville.	Le Jeune.	

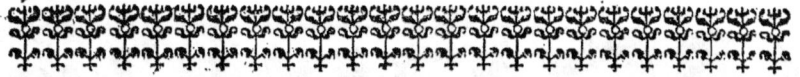

PERSONNAGES
DU PROLOGUE.

VENUS,	Mademoiselle Pouffin.
MARS,	Monfieur Dun.
UN BERGER,	Monfieur Chopelet.
UNE BERGERE,	Mademoiselle Vincent.

DIVERTISSEMENT
du Prologue.

GUERRIERS.

Monfieur Dangeville-L.

Meffieurs Blondy, Ferrand, Dumirail,
& Javilliers.

BERGERS.

Meffieurs Germain, Dumoulin-L., Dumoulin-C.,
& Dumoulin-le Jeune.

BERGERES.

Mefdemoifelles Guyot, Saligny, Prevoft,
& Nadal.

PROLOGUE.

Le Théatre repréſente le Temple de VENUS. Cette
Déeſſe y paroît aſſiſe dans une attitude qui marque
ſa triſteſſe : On voit à ſes pieds le flambeau de
l'AMOUR éteint, ſon Carquois briſé, ſes Fleches
rompuës, ſes Autels ſont renverſez : Les PLAISIRS,
les GRACES, les JEUX ſont diſperſez confuſément
dans les Aîles du Theatre.

SCENE PREMIERE.

VENUS, & ſa Suite.

VENUS aſſiſe.

AH ! quand reviendront nos beaux jours ?
    Les fureurs de la guerre
    En ont aſſez troublé le cours.
Ah ! quand reviendront nos beaux jours ?
L'impitoyable Mars qui regne ſur la Terre,
Se plaît à voir languir Venus, & les Amours.
Ah ! quand reviendront nos beaux jours ?

PHILOMELE,

VENUS se leve, & parcourt le Theatre.

VENUS.

Toute ma Cour est en allarmes,
Je n'y reconnois plus les Graces, & les Ris ;
De tristes larmes
Ont éteint tous leurs charmes.
Quels funestes débris ?
Carquois, Flambeau, Traits de mon Fils,
Est-ce vous douces Armes,
Dont le charmant pouvoir soûmettoit autrefois
Tant de Cœurs à mes loix ?

CHOEUR.

L'impitoyable Mars qui regne sur la Terre,
Se plaît à voir languir Venus, & les Amours.
Ah ! quand reviendront nos beaux jours ?
Les fureurs de la guerre
En ont assez troublé le cours.

VENUS & LE CHOEUR.

Ah ! quand reviendront nos beaux jours !

VENUS.

C'est Mars, ô Ciel ! est-il possible !
C'est Mars qui cause mes malheurs.
A mes soûpirs, à mes pleurs
Il fût autrefois si sensible.
Ah ! s'il étoit témoin de mes vives douleurs ?

On entend un bruit de Trompettes, qui annonce
l'arrivée de MARS.

Mais, quel bruit éclatant de Trompettes
Retentit jusques dans ces retraites ?   SCENE

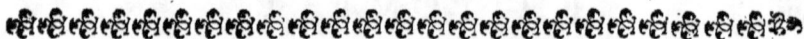

SCENE DEUXIE'ME.

MARS, VENUS,
Troupe de GUERRIERS.

MARS.

LE Vainqueur qui m'oblige à voler sur ses pas,
   Permet enfin que je respire;
Il me lassoit moy-même au milieu des combats,
A peine à son ardeur la mienne a pû suffire;
Mais content de l'effroy que son nom seul inspire,
   Il laisse reposer mon bras;
Et la Paix va me rendre à vos charmants appas.

VENUS.

   Ah quel bonheur! le puis-je croire?

CHOEUR.

Ce Heros a domté mille Peuples divers,
Sa valeur à ses loix enchaîne la victoire,
   Nôtre bonheur met le comble à sa gloire;
Faisons voler son Nom au bout de l'univers.

VENUS.

Revenez doux Plaisirs, revenez Jeux charmants.
   Que ces lieux pour jamais reprennent
   Tout ce qu'ils eurent d'ornements;
Si l'affreuse tristesse en chassa les Amants,
   Que les Plaisirs les y ramenent.
Revenez doux Plaisirs, revenez Jeux charmants.

   Fidelles Sujets de l'Amour,
Bergers, par vos Chansons celebrez ce beau jour.

é

SCENE TROISIEME.

MARS, VENUS,
Troupe de BERGERS, & de PEUPLES.
UN BERGER.

Aimons tous, aimons sans allarmes,
L'Amour veille pour nos plaisirs.
Dans nos bois il quitte ses armes,
Nos Bergeres suivent nos desirs.
Aimons tous, aimons sans allarmes,
L'Amour veille pour nos plaisirs.
Nos Bergers n'ont point d'autres charmes,
Que l'ardeur de leurs tendres soûpirs.

  Aimons tous, aimons sans allarmes,
  L'Amour veille pour nos plaisirs.

UNE BERGERE.

  L'Amour veut vous engager,
  Mais sans vous coûter de peines:
  Ce n'est que des Inhumaines
  Que l'Amour veut se venger.

Un BERGER & une BERGERE forment le Dialogue qui suit.

LE BERGER.

Ecoûtez les Oyseaux dans la saison nouvelle,
Ils chantent les douceurs d'un tendre engagement.

LA BERGERE.

Ecoûtez dans nos bois la tendre Philomele,
Elle se plaint encor de son cruel Amant.
Entendez ses regrets . . . malgré son changement ,
Sa douleur est toûjours la même.
Elle perdit le jour par de barbares loix ;
Et le Ciel luy rendit une nouvelle voix ,
Pour déplorer les maux qu'on souffre quand on aime.

LE BERGER.

Qu'ils sont doux ses gemissements !
Ils charment tout ce qui respire ;
Tout plaît dans l'amoureux empire ,
Jusques aux plaintes des Amants.

ENSEMBLE.

Que l'amoureuse Philomele ,
Par de nouveaux accents attendrisse nos cœurs ;
Plaignons ses funestes malheurs ,
Célébrons son amour fidele.

CHOEUR.

Aimons , ne craignons point de tourments rigoureux ,
L'Amour ne fera plus que des Amants heureux.

FIN DU PROLOGUE.

ACTEURS

DE LA TRAGEDIE.

TERE'E, *Fils de Mars, Roy de Thrace, Epoux de Progné , Amant de Philomele,* Monſieur Thevenard.

PHILOMELE, *Princeſſe Athenienne, Fille de Pandion, Roy d'Athenes, Amante d'Athamas.* Mademoiſelle Deſmâtins.

PROGNE', *Sœur de Philomele , Epouſe de Terée ,* Mademoiſelle Journet.

ATHAMAS, *Prince Athenien , Amant de Philomele,* Monſieur Cochereau.

MINERVE.   Mademoiſelle Loignon.

CLEONE, *Preſtreſſe de l'Hymen , Confidente de Progné,* Mademoiſelle Dujardin.

ELISE, *Magicienne, Confidente de Progné,* Melle Dupeyré.

ARCAS, *Confident de Terée ,*   Monſieur Choplet.

ATHENIENS. JEUX. & PLAISIRS.

ATHENIENNES, M^{elles}. Pouſlin & Aubert.

PEUPLES de Thrace. BACHANTES.

UNE BACHANTE,   Mademoiſelle Pouſlin.

LA JALOUSIE,   Monſieur Mantienne.

LE CHEF DES GENIES,   Monſieur Deſvoys.

UN GENIE,   Monſieur Boutelou.

TROUPE de Matelots.

La Scene eſt dans la Ville Capitale de Thrace.

DIVERTISSEMENTS
de la Tragedie.

PRE'MIER ACTE.

ATHENIENS.

Monfieur Balon.

Meffieurs Germain, Dumoulin-L., Dumoulin-C.,
& Dumoulin le Jeune.

ATHENIENNES.

Mefdemoifelles Prevoft, Guyot, Saligny,
& Caré.

SECOND ACTE.

PLAISIRS.

Meffieurs Ferrand, & Dumoulin-L.
Mefdemoifelles Dangeville, & Baffecourt,

JEUX

Meffieurs Dumirail, & Marcel.
Mefdemoifelles Lecomte, & Nadal.

TROISIE'ME ACTE.

HOMMES ET FEMMES
de la Cour de Terée.

Monſieur Blondy.

Meſſieurs Germain, Dumoulin-L., Dangeville-L.,
Dumoulin-C., & Dumoulin-le Jeune.

Meſdemoiſelles Dangeville, Baſſecourt, Nadal,
Lecomte, & Prevoſt.

QUATRIE'ME ACTE.

SUITE DE LA JALOUSIE.

Monſieur Dumoulin-C.

Meſſieurs Dangeville-L., Dangeville-C., Javilliers,
& Marcel.

BACHANTES.

Mademoiſelle Subligny.

Meſdemoiſelles Dangeville, Lecomte, Nadal, Saligny,
Prevoſt, & Guyot.

CINQUIE'ME ACTE.

FESTE MARINE.

Monſieur Balon, & Mademoiſelle Subligny.

MATELOTS.

Meſſieurs Blondy, Ferrand, Dangeville-L., Dangeville-C.,
Dumirail, & Javilliers.

MATELOTES.

Meſdemoiſelles Prevôſt, Saligny, Guyot,
& Lecomte.

PHILOMELE,

PHILOMELE,
TRAGEDIE.

ACTE PREMIER.

Le Théatre représente une Salle du Palais
de TE'RE'E.

SCENE PRE'MIE'RE.

PROGNE', CLEONE, ELISE.

CLEONE.

Hilomele en ces lieux n'a plus besoin d'aZile.
    Dans Athenes tout est tranquile ;
      Et les vents, & les eaux
Semblent pour l'y conduire appeller ses vaisseaux.
Son retour va combler Pandion d'allegresse,
Il reverra sa fille aprés tant de travaux.
    Mais que vois-je ? quelle tristesse ?
    Puis-je croire que ces beaux jours
    Pour vous seule n'ont point de charmes ?
    Philomele a tary ses larmes,
    Et vous en répandez toûjours.

A

PHILOMELE,

ELISE.

Vôtre amitié trop vive, & trop fidelle
Fait naître vos douleurs.
Les mers vont vous separer d'elle;
Que ses adieux vous coûteront de pleurs!

PROGNE'.

Sa presence en ces lieux m'en coûte davantage.
Je la verrois quitter ce funeste rivage,
Et les vents avec elle emporter mes malheurs.
Son départ me plairoit; mais le Roy le differe,
Et c'est ce qui me desespere.

CLEONE.

Le fidele Athamas par ses empressements
Servira vôtre impatience;
Et vous verrez le Roy céder sans resistance.

PROGNE'.

Je sçay trop les raisons de ces retardements.

Perfide Epoux! Amour fatale!
Ma Sœur, ma chere Sœur,
Nom trop doux pour une Rivale!
Luy prestes-tu la main pour me percer le cœur?

Non, rendons-luy plus de justice,
Du crime de Terée elle n'est point complice.

ELISE.

Eh! de quel crime encor pouvez-vous l'accuser?

PROGNE'.

Elise, je puis m'abuser;
Mais je le vois sans cesse
Suivre les pas de la Princesse,
Il la cherche où je ne suis pas,
   Tu connois ses appas.
Que de sujets d'allarmer ma tendresse!

ELISE.

Que craignez-vous?

PROGNE'.

Je crains le Roy, je crains son desespoir jaloux.
Ni Dieux, ni Loix n'arrestent son courroux.

  Dans mon malheur extréme,
Je crains pour Athamas, pour ma sœur, pour moy-même.

  Mais n'est-ce pas mon Ingrat que je voy?
Daigne-t'il seulement tourner les yeux sur moy?

SCENE DEUXIE'ME.

PROGNE', TERE'E, CLEONE, ELISE.

PROGNE'.

*V*Ous ne me cherchiez, pas.

TERE'E.

Je cherchois Philomele.

PROGNE'.

On commence à répandre une heureuse nouvelle,
Qu'enfin vous avez, arresté
Ce jour, pour son départ, si long-temps souhaité.

TERE'E.

J'allois l'en avertir.

PROGNE'.

Permettez, que moy-même
Je puisse l'assûrer de son bonheur suprême.
Ne troublez, pas les vœux, qu'aux Immortels
Elle rend aux pieds des Autels.

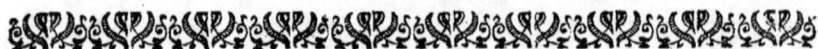

SCENE TROISIE'ME.

TERE'E seul.

EH quoy, belle Princesse,
Je pourrois consentir à ne vous voir jamais !...
 Cruel Destin, fatale Paix,
Que vous troublez mon cœur, quand vous calmez
 la Grece !
Je devois craindre, helas ! la fin de vos malheurs ;
 Vous partez Princesse, & je meurs...
  Quoy, n'ozay-je rompre un silence
  Que ma mort va rendre éternel ?
Quay-je dit, Malheureux, quel aveu criminel !
 Faut-il qu'en mourant je l'offense ?
Peut-estre un doux moment va l'offrir à mes yeux,
Le plaisir de la voir me trahira moy-même ;
Ses chers Atheniens s'assemblent en ces lieux.
Ah ! j'entendray du moins parler de ce que j'aime.

SCENE QUATRIÉME.

TERÉE, Troupe D'ATHENIENS & D'ATHENIENNES.

CHOEUR.

ATtendons en ces lieux nôtre aimable Princeſſe,
Le bonheur de la voir comble tous nos ſouhaits :
 Chantons l'heureuſe paix
 Qui la rend à la Grece,
 Chantons l'heureuſe paix
 Qui nous la rend pour jamais.

UN ATHENIEN.

 Ses appas avoient ſçû charmer
 Les plus grands Rois de la terre,
Ses rigueurs contre nous les avoient fait armer;
Un Heros généreux a terminé la guerre.

AUTRE ATHENIEN.

Elle triomphe enfin de leur témérité,
 Leur défaite a vangé ſa gloire,

PETIT CHOEUR.

Le cœur de Philomelle avoit trop de fierté,
Pour devenir le prix de l'injuſte victoire,
Dont leur ſuperbe Amour s'eſtoit long-temps flaté.

TRAGEDIE.
CHOEUR.

Heureux l'Amant qui peut prétendre
Au bonheur de charmer un cœur tel que le sien.

TER'EE, à part.

Ah ! s'il estoit le prix de l'Amant le plus tendre ,
Qui seroit plus que moy digne d'un si grand bien ?

UNE ATHENIENNE.

Les plaisirs charmants
Sont pour les Amants.
Heureux un cœur tendre !
Il ne doit attendre
Que de doux moments.
L'Amour nous appelle ,
Nous suivons ses loix.
La raison rebelle
Fuit à sa voix.
Livrez sans deffense
Vos cœurs à ses coups ;
C'est l'indifference ,
Dont ce Dieu s'offense ;
Craignez son courroux.

UNE AUTRE ATHENIENNE & LE CHOEUR.

C'est dans les yeux de la Princesse
Que l'Amour prend tous ses traits :
Chantons l'heureuse paix ,
Qui la rend à la Grece ,
Chantons l'heureuse paix ,
Qui nous la rend pour jamais.

PHILOMELE,

TERE'E, à part.

Qu'on ne me parle plus d'une paix si cruelle.

aux PEUPLES.

Peuples, trop fortunez, je voudrois que ces lieux
Fuſſent toûjours témoins de vôtre ardeur fidele.
Mais, allez dans le Temple attendre Philomele,
  Vous verrez ſes beaux yeux
Y partager l'encens que l'on preſente aux Dieux.

SCENE CINQUIE'ME.

TERE'E, ſeul.

ET toy, pren mon cœur pour victime,
 Aimable Objet de mon tourment.
Si c'eſt un crime, helas ! que d'eſtre ton Amant,
Les Dieux en te voyant approuveront mon crime.

Philomele paroît... quel bonheur pour mes feux !

SCENE SIXIE'ME.

TERE'E, PHILOMELE.

PHILOMELE.

LA fortune pour moy ceſſe d'eſtre cruelle,
La paix dans nos climats pour jamais me rappelle,
Et vous-même, Seigneur, favoriſez mes vœux.
Je vous reverray donc ſacrez Palais d'Athenes ;
Vous m'exaucez, grãds Dieux! voꝰ terminez mes peines.

TERE'E.

Eſt-ce pour vous un tourment,
Que de voir l'empreſſement
Et d'un Peuple, & d'un Prince attentifs à vous plaire?

PHILOMELE.

Ah! vous n'avez que trop partagé mes douleurs.

TERE'E.

Vôtre felicité nous eſt-elle moins chere?
Sommes-nous condamnez à ne voir que vos pleurs?
Si nos ſoins meritoient toute vôtre colere,
Pourriez-vous mieux nous en punir?
Cruelle, vous partez.

PHILOMELE.

Je vais revoir mon Pere,
De vos ſoins généreux je vais l'entretenir.

B

TERE'E.

Non, ce n'eſt pas guerir les maux que vous me faites.

PHILOMELE.

Je dois remplir un trône qui m'attend.

TERE'E.

Vous regnez par tout où vous eſtes,
L'Empire de la Grece eſt-il plus éclatant ?
L'Amour peut vous offrir mille douceurs parfaites ;
La fiere ambition en promet-elle autant ?

Il faut à vos beaux yeux découvrir leur puiſſance.
Mon cœur a gardé le ſilence,
Aſſez pour un Amant, trop long-tems pour un Roy.
Je reſſens de l'Amour toute la violence ;
Le Cruel eſt entré dans mon cœur malgré moy.
J'aime, & j'aime ſans eſperance,
Ah! quelle funeſte loy
Princeſſe, vous fait une offenſe
De l'hommage de ma foy !

PHILOMELE.

Je frémis ! quel aveu ! que venez-vous m'apprendre?

TERE'E.

Dans la Grece autrefois vous daignâtes l'entendre.
De vos fiers Ennemis je revenois vainqueur,
Tout favoriſoit mon ardeur
Je vous aimay ſans vous déplaire,
Nôtre hymen s'appreſtoit, quand vôtre injuſte Mere

De Progné releva les droits :
Des Dieux , de Mars mon Pere on emprunta la voix,
Terée en l'époufant vous demeura fidelle.
    Quand aux pieds des Dieux en courroux ,
Ma bouche luy juroit une ardeur éternelle ,
Mon cœur vous promettoit qu'il n'aimeroit que vous.
Et cet amour....

PHILOMELE,

    L'Hymen l'eût rendu legitime ,
    L'Hymen vous en a fait un crime.

TERE'E.

Ne puis-je m'affranchir d'un Hymen odieux ?

PHILOMELE.

    Que dites-vous ! quels tranfports furieux !
Des droits les plus facrez vous perdez la memoire,
Vous outragez ma Sœur , vous offenfez les Dieux.

TERE'E.

Eh ! je n'en connois point d'autres que vos beaux yeux.

PHILOMELE.

Ne les voyez donc plus ... fuyons, fauvons ma gloire ;
Tout refpire le crime en ces funeftes lieux.

PHILOMELE,

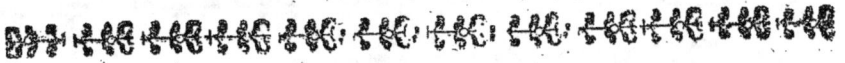

SCENE SEPTIE'ME.

TERE'E seul.

A De moindres rigueurs je n'ay pas dû m'attendre.
Allons, sçachons du moins quel party je dois prendre.

FIN DU PRE'MIER ACTE.

ACTE SECOND.

Le Théatre représente les Jardins du Palais
de T E R E´ E, On voit dans l'enfonce-
ment le Palais, d'où P H I L O M E L E
sort avec precipitation.

SCENE PREMIE´RE.

PHILOMELE seule.

JE ne puis sans horreur rester dans ce Palais.
Tout redouble l'ennuy dont je suis dévorée,
J'y crois entendre encor le coupable Terée...
Je ne puis sans horreur rester dans ce Palais.
Je viens chercher icy l'innocence, & la paix.

Solitaires Jardins, Retraites du silence,
A vous seuls de mes maux je feray confidence.
Pourrois-je à mon Amant déclarer un Rival?
Parlerois-je à ma Sœur d'un Epoux infidelle?
Helas! leur amitié consoloit Philomele,
Ils doivent ignorer un amour si fatal,
    Ou ne le pas apprendre d'elle.

Arbres, soyez témoins de mes vives douleurs.
Vous Echos attentifs aux recits de mes peines,
Sans trahir mes soupirs, apprenez mes malheurs;
    Et vous Nymphes de ces fontaines,
    Dans vos ondes cachez mes pleurs.

SCENE DEUXIE'ME.

ATHAMAS, PHILOMELE.

ATHAMAS.

PRinceſſe, tout répond à mon impatience.
　　　Pour nôtre départ tout s'avance.

Mais quoy! de vos beaux yeux je vois couler des
　pleurs!

PHILOMELE.

Puiſſiez-vous à jamais ignorer vos malheurs.

ATHAMAS.

Eh quels malheurs! ô Ciel! ay-je pû vous déplaire?
Vous ne répondez pas... quel funeſte miſtere!

Qui peut troubler deux cœurs l'un de l'autre aſſûrez?

PHILOMELE.

　　La peur de ſe voir ſeparez.
Ah! ſi dans ce moment une main criminelle.
Cher Prince, vous venoit arracher Philomele!

ATHAMAS.

Vous verriez le Perfide accablé sous mes coups,
Tomber à vos genoux.

D'un Amant qui combat pour sauver ce qu'il aime,
La valeur est toûjours extrême ;
Rien ne peut arrester les efforts de son bras
Tout luy cede, & Mars luy-même
Ne luy resisteroit pas.

PHILOMELE.

Que son barbare Fils nous va causer d'allarmes !
Terée !.. à ce nom seul je tremble !.. Je fremis !
L'ay-je bien entendu ? grãds Dieux ! funestes Charmes !
Il est le plus cruel de tous nos ennemis.
Vôtre Rival… helas ! m'aimerez-vous encore ?
Cher Prince, je vous aime autant que je l'abhore.

ATHAMAS.

Je cours vous en venger, & vous prouver mes feux.

PHILOMELE.

Ah ! c'est nous perdre tous deux.

Arrestez, arrestez, la feinte, & le silence
Mettront nos feux en sûreté.
De mes rigueurs le Tyran irrité
N'accuse encor que mon indifference.
S'il sçavoit que pour vous je démens ma fierte,
Il nous immoleroit tous deux à sa vengeance.

ENSEMBLE.

ENSEMBLE.

Un amour si pur, & si doux
Etoit-il fait pour se contraindre?

PHILOMELE.

Il faut le cacher, ou l'éteindre.

ATHAMAS.

Ciel! à quoy me reduisez-vous!

Si vous estes touchez du recit de nos peines,
Grands Dieux! écoutez-nous pour la derniere fois.

PHILOMELE.

Sage Divinité, qui protegez Athenes,
Conservez le sang de ses Rois.

ATHAMAS.

Nous n'avons pas en vain imploré sa puißance,
Cet éclat, ces concerts annoncent sa presence.

SCENE TROISIEME.

MINERVE, ATHAMAS, PHILOMELE,

Troupe de GENIES, & de PLAISIRS.

MINERVE.

POur finir vos malheurs , j'abandonne les Cieux
　　Princesse ; du Tyran je confondray l'audace ;
Avant la fin du jour vous quitterez la Thrace :
Heureuse , si l'Objet que vous aimez le mieux
Echape comme vous de ces funestes lieux.

ATHAMAS à PHILOMELE.

Si je puis voir enfin vos allarmes finies ,
Du soin de mon bonheur je dispense les Dieux.

MINERVE.

Vous qui suivez mes loix , favorables Genies ,
Secourez avec moy des Amants malheureux ,
　　Le Ciel s'interesse pour eux.
Et vous , Jeux innocents , Amis de la Sagesse ,
　　Doux Plaisirs , calmez leur tristesse.

PETIT CHOEUR.

Tendres Cœurs,
Dans vos malheurs
Esperez encore :
Ainsi que l'Aurore,
L'Amour de ses pleurs
Voit naître les fleurs.

GRAND CHOEUR.

L'Amour en un moment peut réparer vos peines,
Il regne sur tous les plaisirs.
Celebrez son pouvoir par vos tendres soupirs ;
Qu'il est doux de porter ses chaînes !

MINERVE, aux GENIES.

Volez dans ces beaux lieux, volez Troupe charmante,
Bien-tôt pour remplir mon attente,
Ma voix vous rassemblera tous.

à PHILOMELE.

Je vais dans nos desseins interesser la Reine :
Vôtre Ennemy s'approche, allez, retirez-vous.

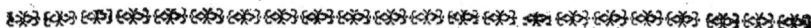

SCENE QUATRIE'ME.

TERE'E, ARCAS.

TERE'E.

ELle m'évite, l'Inhumaine ;
Et toûjours fur fes pas mon lâche cœur m'entraîne.
Terée à fes beaux yeux eft un Objet d'horreur.
Amour, fay que mes foins triomphent de fa haine,
Ou que fes fiers mépris éteignent mon ardeur.

Ah ! qu'un dépit legitime
Ne met-il mon cœur en paix !
Mais je l'aimay, ce fut mon crime,
Mon fupplice fera de l'aimer à jamais ...

Pourquoy mon cœur charmé la trouve-t'il fi belle ?
Pourquoy l'éprouve-t'il fi fiere & fi cruelle ?

ARCAS.

Un Roy doit-il aimer, & foupirer en vain ?
En ces lieux pour jamais retenons la Princeffe :
Arbitre de fon fort offrez-luy vôtre main.
Qu'Athamas, & la Reine aillent revoir la Grece.
Un Roy doit-il aimer, & foupirer en vain ?
Commandez-moy, Seigneur, fiez-vous à mon Zele.

TERE'E.

Suivons un Confeil fi fidele,
Va, mets mon cœur en paix, ma flâme en liberté,
Et fois le feul auteur de ma felicité.

SCENE CINQUIE'ME.

TERE'E, PROGN'E, CLEONE, ELISE.

PROGNE'.

C'Eſt peu de me bannir, Perfide, pren ma vie,
  Mets par ma mort ta flâme en liberté,
Toy-même, ſois auteur de ta felicité.

TERE'E.

Quelle fureur vous a ſaiſie ?

PROGNE'.

Qui te retient, Ingrat, aprés m'avoir trahie ?
Tu m'as déja porté les plus ſenſibles coups :
Acheve … n'atten pas l'effet de mon courroux.
Tu rōps les plus doux nœuds d'Amour & d'Hymenée,
Ma Sœur à t'épouſer ſe verra condamnée ;
Et moy Reine ſans Trône, & Femme ſans Epoux,
Fugitive, j'irois aux lieux de ma naiſſance
  Pleurer ta fatale inconſtance !

TERE'E.

L'Hymen nous engagea ſans conſulter l'Amour,
L'Amour malgré l'Hymen nous dégage à ſon tour.

PHILOMELE.

PROGNE'.

Vains & foibles garands du cœur d'un infidelle,
Serments, dont il flatoit mes desirs prévenus,
Gages d'une ardeur éternelle,
Qu'estes-vous devenus?

TERE'E.

Quittez un Ingrat qui veut l'estre.

PROGNE'.

Que ne le puis-je, Traitre!

Dieux, qui voyez son crime, & mes malheurs,
Faites grace plûtôt au resté de la terre,
A l'amour outragé remettez le tonnerre,
Pour punir les perfides cœurs …
Mais, tu braves les Dieux vengeurs.
Philomele à tes vœux toûjours inexorable,
Te rendra les mépris dont ton orgueil m'accable,
Philomele à tes vœux toûjours inexorable,
Me vengera par ses rigueurs.

TERE'E.

Un cœur devroit briser sa chaîne,
Quand il voit méprifer ses feux:
D'un trop funeste amour nous nous plaignõs tous deux,
Vous aimez un Ingrat, j'adore une Inhumaine.

P R O G N E'.

Connoy-donc un Rival, favorisé des Dieux,
  Autant qu'il l'eſt de Philomele ;
Athamas a flechy ce cœur qui t'eſt rebelle,
Oüy, tu verras tomber tes projets odieux,
Il ne t'en reſtera que la honte éternelle.
Minerve l'a promis... Tu parois te troubler ;
  Pour un Heros quelle foibleſſe !

T E R E E'.

  Reine, c'eſt à vous de trembler.
Je ſçauray m'aſſurer d'une ingrate Maîtreſſe
    Et d'un Rival heureux,
Et vous me répondrez, peut-être de tous deux.

SCENE SIXIE'ME.

PROGNE', CLEONE, ELISE.

PROGNE'.

J'En ay trop dit, Cleone, & ma Sœur est perduë.

CLEONE.

Minerve prend soin de ses jours.
Mais vous, sans espoir de secours,
A vous perdre, Princesse, estes-vous résoluë?
Du Dieu de l'Hymen que je sers,
Le Temple vous peut estre un azile fidele.
Elise par son art peut seconder mon zele,
Les mysteres du Stix à ses yeux sont ouverts.

ELISE.

Elise vous répond du secours des Enfers.

FIN DU SECOND ACTE.

ACTE TROISIE'ME.

ACTE TROISIEME.

Le Théatre repréſente le Veſtibule du Temple de l'Hymen. Le Temple paroît fermé.

SCENE PRE'MIE'RE.

TERE'E, ATHAMAS deſarmé, GARDES.

TEREE'.

Roſitez des moments que ma pitié vous laiſſe.
Par mon ordre en ces lieux vous verrez la Princeſſe :
Meritez ſa colere, attirez ſes mépris :
Vôtre grace n'eſt qu'à ce prix.

D

PHILOMELE,

ATHAMAS.

Par une indigne perfidie,
Je pourrois racheter ma vie!
Non, frape... Dois-tu m'épargner?
Je refuse, pour toy de trahir Philomele.

TERE'E.

Je te perdrois sans la gagner.
Je vivrois détesté, tu mourrois aimé d'elle;
Et je ne goûterois pas
La douceur de ton trépas.

ATHAMAS.

Je vivray, je mourray fidele.
N'espere pas que ma vie, ou ma mort
Puissent changer ton sort.
Je vivray, je mourray fidele.

TERE'E.

Arbitre de tes jours, je te menace en vain.
Conserve ce cœur sans foiblesse,
Pour voir expirer la Princesse.
Il me faut dés ce jour, ou son sang, ou sa main.

SCENE DEUXIE'ME.

ATHAMAS seul.

OU son sang, ou sa main... Cher Objet que j'adore,
Oubliez-moy plûtôt: c'est vôtre cruauté
    Que j'implore.
Vous payeriez trop cher vôtre fidelité.
Ah! je sens à ce coup expirer ma constance.
    Dieux! que mon sort est fatal!
    Le bonheur de mon Rival
    Doit faire déformais mon unique esperance.
    Pourray-je y survivre un seul jour?
Il n'importe, achevons de montrer ma tendresse.
    J'aime assez ma Princesse,
    Pour luy vouloir immoler mon amour.

SCENE TROISIE'ME.

ATHAMAS, PHILOMELE.

PHILOMELE.

TOute ma douleur céde
    Au plaisir de vous voir,
L'Amour qui me possede
Jamais ne me fit mieux ressentir son pouvoir.
Les temples, aux Humains aziles favorables,
Sont devenus pour moy des Prisons redoutables:
Mais le Ciel me permet de vous y recevoir,
Toute ma douleur céde au plaisir de vous voir.

ATHAMAS.

Et la mienne s'en augmente.
Ah! sçavez-vous à quel prix
Ce plaisir nous est permis?

PHILOMELE.

L'Ennemy qui nous tourmente
Nous donne malgré luy des moments assez doux.
Cher Amant, jurons-nous
Une flâme constante.

ATHAMAS.

Plus cet aveu m'est glorieux,
Plus il rend ma peine cruelle.
Quoy! malgré les Humains, la Fortune, & les Dieux,
Me voulez-vous estre fidelle?

PHILOMELE.

Vôtre ardeur est nouvelle
A servir un Rival.

ATHAMAS.

Si je le trahissois, je vous servirois mal...
Souffriray-je qu'à sa furie
Le Barbare vous sacrifie?
Vous-même, ô Ciel! mes yeux en seroient les témoins
Epousez-le plûtôt... Je n'en mourray pas moins;
Mais je mourray content de vous sauver la vie.

PHILOMELE,

Vivez, laissez-moy mourir.
Vous ne me verrez point entre les bras d'un autre.
Mon trépas doit sauver & ma gloire, & la vôtre.
Vivez, laissez-moy mourir.

ATHAMAS.

Je dois perir
De vos malheurs, ou des coups de Terée.
Des deux côtez ma mort est assûrée.
Vôtre choix peut vous secourir;
Vivez, laissez-moy mourir.

PHILOMELE,

ENSEMBLE.

Vivez, laiſſez-moy mourir.

ATHAMAS.

Recevez mon dernier ſoûpir.

PHILOMELE.

Ah! Prince, à quel affront m'avez-vous condamnée?
Si pour ſauver vos jours j'épouſe le Tyran,
Auſſi-tôt, par ſa main la mienne prophanée
Se lavera dans les flots de mon ſang.

ATHAMAS.

Qu'entens-je! grands Dieux! ma Princeſſe!

PHILOMELE.

Le Tyran va ſe rendre en ces funeſtes lieux.
Adieu Prince ... l'Amour ſoûtiendra ma foibleſſe.

ATHAMAS, que les Gardes emmenent.

Eh! la ſeule faveur que j'eſperois des Dieux,
Eſtoit d'expirer à vos yeux.

SCENE QUATRIE'ME.

PHILOMELE.

CHer & cruel Amour, Auteur de ma souffrance,
Vos promesses, & nos plaisirs
N'ont-ils qu'une vaine apparence?
Ah! ne flatiez-vous nos desirs,
Que pour tromper nôtre esperance?

Coulez mes Pleurs, éclatez mes Soûpirs,
Irritez la fureur du Tyran qui m'offense,
Rendez-luy son bonheur fatal:
C'est commencer ma vengeance
De pleurer mon Amant aux yeux de son Rival.

SCENE CINQUIE'ME.

TERE'E, PHILOMELE, ARCAS,
Troupe de COURTISANS.

TERE'E à PHILOMELE.

UN Roy met à vos pieds sa suprême puissance,
Vos appas dans son cœur ont fait regner l'Amour :
L'Amour veut par reconnoissance
Vous faire regner à son tour.

à sa Suite.

Ce n'est plus que pour Philomele
Que vous devez former des vœux.
Que s'il se peut vôtre Zele
Dure autant que mes feux ;
Nous serons tous heureux.

Si mon cœur au mépris d'une flâme si belle,
Brûle jamais pour d'autre que pour elle,
Que ce peuple, justes Dieux !
Cesse de m'être fidele,
Dés que je cesseray de l'estre à ses beaux yeux.

PHILOMELE à part.

Souffriray-je long-temps ce spectacle odieux ?...

Minerve, Amour, Hymen, hâtez vôtre vengeance.

Le CHOEUR répete les quatre premiers vers de cette Scene, avant la Chacone.

TERE'E,

T E R E'E, à PHILOMELE.

Formons une si belle chaîne,
Et de l'Hymen vous-même allumez le flambeau.

PHILOMELE.

Et la Gloire, & l'Amour m'ouvriront le tombeau.
Sans Trône, & sans Sujets, je sçay mourir en Reine.

T E R E'E.

Pouvez-vous encor dédaigner
Un Sceptre que l'Amour vous livre ?

PHILOMELE.

Helas ! vous parlez de regner
A qui ne songe plus à vivre.

La mort est le seul bien où je dois aspirer.
Moins cruelle que vous, plus sensible à mes larmes,
La mort de mes malheurs sçaura me délivrer.

T E R E'E.

Ah ! Cruelle, de quelles armes
Venez-vous déchirer mon cœur !
Qu'esperez-vous de vos larmes,
Elles vous servent mal contre ma vive ardeur ;
Elles redoublent trop vos charmes.
En combatant l'Amour, vous le rendez vainqueur.

PHILOMELE.

Soyez sensible à ma douleur.

T E R E'E.

Soyez sensible à mon ardeur.

E

PHILOMELE,

TER'EE.

Je fçay d'où partent vos refus.
Un Rival trop heureux ne m'allarmera plus.

Je puniray l'Amant des mépris de l'Amante ;
Je vais offrir à vos regards confus
Son Image pâle & fanglante ;
Je vais eftre vengé du funefte plaifir
Que vous avez goûté tous deux à me trahir.

PHILOMELE.

Je fuis la feule coupable.
Helas ! il confentoit à ne me jamais voir,
Mais à le retenir, j'ay mis tout mon pouvoir.

TERE'E.

Et c'eft ce qui m'accable.

Son Arreft eft irrevocable,
Vôtre amour vient de l'affûrer.

Vous, pour fervir la fureur qui m'anime,
Arcas, allez tout préparer.

PHILOMELE.

Non, non, mon desespoir te livre ta victime.
Mais n'espere pas
Profiter de ton crime.
Tu vas pleurer mon trépas
Parmy ces aprests célébres.
Ces flâmbeaux de l'Hymen, sont des flâmbeaux funebres
Qui le vont éclairer;
Ce Trône est le bucher où je vais expirer...
Oüy, Traître, ainsi je remplis ton envie;
Mais pour punir ta cruauté,
Songe en m'arrachant la vie,
Que mon cher Athamas est la Divinité,
A qui je la sacrifie.

TERE'E ouvre le Temple, les portes se brisent :
la Statuë de l'Hymen s'envole : le Tonnerre gronde :
des Monstres se répandent sur le Theatre.

SCENE SIXIE'ME.

TERE'E, PHILOMELE, Troupe de COURTISANS.

CHOEURS de voix au dedans du Temple.

PROGNE', CLEONE, ELISE.

LE CHOEUR.

LE Ciel se déclare
Contre vous,
Evitez ses coups.

Une voix au dedans du Temple.

De ses Droits l'Hymen est jaloux,
L'Hymen ne peut souffrir un dessein si barbare.

CHOEUR.

Le Ciel se déclare
Contre vous,
Evitez ses coups.

TERE'E.

Des Monstres furieux s'élancent jusqu'à nous.

PROGNE' sortant du fond du Temple un poignard
à la main pour fraper TERE'E.

Des Monstres que tu vois, connoy le plus funeste.
Helas ! ma haine expire, & l'amour seul me reste...

Elle tombe sur ELISE.

TERE'E.

Ah ! qu'est-ce que je voy !
Quelle main s'arme contre moy !
En dépit du Ciel qui m'outrage,
Allons sur mon Rival faire éclater ma rage..

Tous se retirent en désordre.

FIN DU TROISIE'ME ACTE.

ACTE QUATRIE'ME.

Le Théatre repréfente l'Appartement de la PRETRESSE du Temple de l'Hymen, & dans le fond le Palais du Roy, & la Ville.

SCENE PREMIE'RE.

PROGNE', CLEONE, ELISE.

PROGNE'.

JE reprens par vos foins l'ufage de mes fens, Refpirons...

CLEONE.

Mais en même-temps
Reprenez avec eux toute vôtre colere.
Le Ciel pour vous venger vous rend à la lumiere.

PROGNE'.

Le Ciel me rappelle aux douleurs.
La lumiere bien-tôt me doit estre ravie ;
Le peu qui reste de ma vie
N'est que pour sentir que je meurs.

ELISE,

Tandis que le Perfide
Se rit peut-estre de vos pleurs.
Je rougis de vous voir si foible, & si timide.

CLEONE.

Rien ne doit plus retenir vôtre bras.
Il y va de vos jours, vôtre ennemy ne pense
Qu'à remplir sur vous sa vengeance ;
Sa main fume du sang du fidele Athamas,
Aux yeux de la Princesse il vient de le répandre.
Quel sort en devez-vous attendre,
Si vous ne le prevenez pas ?

ÉLISE.

De Bachus en ce jour on célébre la feste.
J'ay vû déja briller les Thyrses, les flambeaux,
Les Bachantes viendront, mettez-vous à leur teste :
Le tumulte, la nuit, mon art, tous vous appreste
Pour vous venger, mille moyens nouveaux.

SCENE DEUXIE'ME.

PHILOMELE, PROGNE', CLEONE, ELISE.

PHILOMELE.

*L*E Traitre, le Barbare
Suit-il encore mes pas ?
Je cours, je m'égare.
Où suis-je, où n'eſt-il pas ?
Je friſſone, je tremble…
Terée, arreſte. Eh ! que veut ton courroux ?
Pour qui tien-tu ce fer ? cher Prince, ſauvez-vous;
C'eſt un crime pour nous, d'oſer pleurer enſemble.

PROGNE'.

Princeſſe, quels tranſports !

PHILOMELE.

Quel ſang voy-je couler ?
C'en eſt fait, ſa fureur vient de ſe l'immoler.
Ah ! mon Amant expire… Acheve ton ouvrage,
Barbare, dans mon cœur vien percer ſon Image.
Quoy ! je te vois à mes genoux !
Eſt-ce ton amour, ou ta rage
Dont je vais reſſentir les coups ?
Oſes-tu donc ſur Philomele
Porter ta main criminelle !

PHILOMELE,

Un Dieu l'arreste. Il ne se connoît plus.
Sa fureur est extrême ;
La puisse-t'il tourner contre luy-même !
PROGNE'.
Quels crimes ! quels forfaits !
PHILOMELE.
Ah ! regrets superflus !
Cher Amant, tu pers la vie…
Si le Tyran n'en vouloit qu'à mes jours,
Que je déteste, ô Ciel ! ton funeste secours…
Avec toy pour jamais je me verrois unie
Mais je ne tarderay pas ;
Et l'Amour va m'ouvrir le chemin du trépas.
PROGNE'.
Enfin, du sort qu'on me prépare
Je voy toutes les horreurs.
Le Barbare
A fait sur Athamas l'essay de ses fureurs.
Je reste encore, foible obstacle à ses crimes.
C'est la derniere des victimes
Qu'attendent ses transports jaloux.
Ma mort à ses fureurs te laisse sans deffense,
Malheureuse Princesse… Ah ! le souffrirez-vous !
Dieux qui protegez l'innocence ?
CLEONE, & PROGNE'.
Ah ! le souffrirez-vous,
Dieu de l'Hymen qu'on offense !
N'en doûtons point, les Dieux se reposent sur nous
Du soin de leur vengeance.
Servons leur juste courroux.
PHILOMELE.

PHILOMELE.

J'entens les cris de ton ombre plaintive,
Cher Amant, tu seras vangé.
Tu me verrois déja sur l'infernale rive ;
Mais ce soin retient seul mon ame fugitive.
Cher Amant, tu seras vangé,
Le sang de l'Ennemy va te faire justice.

PROGNE', & PHILOMELE.

Qu'il perisse, qu'il perisse,
Sa mort est le sacrifice.

PHIL. ⎧ Que vous devez à l'Hymen ⎫ outragé.
PROG. ⎩ Que vous devez à l'Amour ⎭

ELISE.

Il est temps que pour son suplice
Mon Art fasse armer les Enfers,
Que vôtre haine le choisisse
Entre mille tourments divers.

ELISE faisant des Ceremonies magiques.

O Toy, qui de l'Amour empruntes ta fureur,
Des perfides Mortels implacable ennemie,
Vien, affreuse Jalousie,
Vien t'emparer de son cœur :
Que la foiblesse,
Que la tendresse
Cedent à ta juste rigueur.

Et vous Filles du Stix, Divinitez cruelles,
Aprêtez pour Terée, & vos feux, & vos fers.
Vous tourmentez aux Enfers
Des Ombres moins criminelles.

F

SCENE TROISIE'ME.

PROGNE', PHILOMELE, CLEONE, ELISE, LA JALOUSIE, LES FURIES.

CHOEUR.

TEs clameurs éclatantes
Ont pénétré l'Empire de Pluton.
Les plaintes touchantes,
Les voix gemissantes
Des Malheureux, chargez de nos chaînes pesantes,
Sont les plus doux plaisirs que ressente Alecton.

LA JALOUSIE un poignard à la main.

Reine, pren ce poignard que l'affreux Phlegeton
M'a vû tremper pour toy dans ces ondes brulantes.
Un bras armé d'un tel secours,
Est sûr de sa vangeance.

Ce fer doit terminer les jours
De l'Ingrat qui t'offense.
Mais, il faut avec art conduire ta fureur.
Il faut, s'il est possible,
Sans percer son cœur
En frapper l'endroit sensible.
Il est Pere, offre à ses yeux
De son Fils immolé le spectacle odieux.

Dans son sang le plus cher cour laver ton injure :
Vange l'Amour sur un Parjure.

SCENE QUATRIÉME.

PHILOMELE, PROGNE', CLEONE, ELISE.

PROGNE'.

HElas ! m'eſt-il moins cher qu'à luy
Ce ſang que ma main doit repandre ?
Eliſe, les Enfers n'ont-ils point aujourd'huy
Quelqu'autre vangeance à m'apprendre ?
Helas ! m'eſt-il moins cher qu'à luy
Ce ſang que ma main doit répandre ?

PHILOMELE.

Du ſecours des Enfers, que pouvez-vous attendre ?

Mais quel bruit éclatant icy ſe fait entendre ?

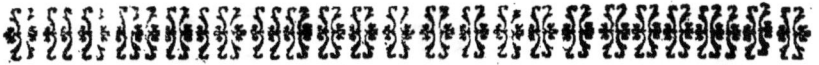

SCENE CINQUIÉME.

PROGNE', PHILOMELE, CLEONE, ELISE,

BACHANTES avec des THYRSES

& des Flambeaux allumez.

PETIT CHOEUR.

PRéparons à Bachus un triomphe charmant.
Ce Dieu répond à nôtre empreßement
Par les plus heureux préfages.
Venez, Reine, vos beaux yeux
Vont rendre fon triomphe encor plus glorieux.
Les hommages des Rois font toûjours pour les Dieux,
Les plus agréables hommages.

PROGNE'.

Que vos vœux & les miens pénétrent jufqu'aux cieu
Pour attirer la tempête
Sur une coupable tefte,
Et m'épargner des forfaits odieux.

PETIT CHOEUR.

Bachus nous inspire
Nos chants, & nos jeux.
C'est dans son Empire
Qu'on doit vivre heureux :
On n'y fait que rire,
Tout flate nos vœux.
Fuyez Soins facheux.
Craignons le martire
Des cœurs amoureux.

PETIT CHOEUR.

Laissez-là vos chaînes,
Amants malheureux.
Oubliez vos peines,
Brisez tous vos nœuds.
Bachus sçait d'un cœur
Chasser les allarmes ;
Tout cede à ses charmes,
L'Amour rend les armes
A ce Dieu vainqueur.

UNE BACHANTE, & le CHOEUR.

Gardez-vous que la tendresse
Ne surprenne vos desirs.

L'Amour quand il vous blesse,
Promet mille plaisirs ;
Mais l'Amour est sujet à trahir sa promesse.

PHILOMELE,

PROGNE'.

Sous ta fatale chaîne,
Amour, je ne gemiray plus.

Venez, suivez vôtre Reine,
Venez, venez servir sa haine.

PHILOMELE.

Je n'ay versé pour toy que des pleurs superflus,
Cher Amant, deformais ta vangeance est certaine.

CHOEURS.

Allons, suivons nôtre Reine,
Allons, allons servons sa haine.

PROGNE', PHILOMÉLE, & les BACHANTES vont
porter le feu au Palais de TERRE'E.

FIN DU QUATRIEME ACTE.

ACTE CINQUIÉME.

Le Théatre repréfente le Palais de TERE'E,
& la Ville en feu. Un Port de Mer
paroît dans l'éloignement. On découvre
un Vaiffeau fur les flots. L'Acte fe paffe
dans la nuit, qui n'eft éclairée que par
les flâmes de l'embrâfement.

SCENE PREMIÉRE.

PHILOMELE.

EN vain pour dérober tant d'horreurs à mes
    yeux,
La nuit a déployé fes voiles les plus
    fombres.
Ces feux, cès triftes feux chaffent trop bien les ombres,
Et me font voir les maux que je caufe en ces lieux...

Quels ravages! quelles allarmes!
Quels bruits! quels sifflements raisonnent dans les airs!
La flâme vole . . . quels éclairs!
Je vois tomber ces murs . . . quels abîmes ouverts!
Quels ravages! quelles allarmes! . . .
C'est l'ouvrage, mes Yeux, de vos funestes charmes . . .

Mais du plus tendre Amant, je vange le trépas.

Sejour du Tyran qui m'outrage,
Sejour de mes malheurs, Theatre de sa rage,
Lieux arrosez du sang de mon cher Athamas,
Brûlez, Palais, ne soyez plus que cendre:
Que la foudre du Ciel y puisse encor descendre:
Brûlez, Palais, ce vaste embrâsement
Est un bûcher digne de mon Amant.

SCENE

SCENE DEUXIE'ME.

PHILOMELE, Troupe de PEUPLES effrayez
qui fuyent de l'embrâfement.

GRAND CHOEUR.

AH! nous periſſons tous!
Dieux! ſauveZ-nous.

PETIT CHOEUR.

Ah! nous periſſons tous!
Dieux! ſauveZ-nous.

PHILOMELE.

Palais, Ramparts, Temples, Autels,
Et vous infortunez Mortels,
Le flambeau de l'Amour alluma ſeul la foudre
Qui vous réduit en poudre.

CHOEUR.

Ah! nous periſſons tous!
Dieux! ſauveZ-nous.

G

SCENE TROISIEME.

PHILOMELE.

Toy, chere Ombre, pardonne à ma douleur extrême
Si de ces Malheureux, je plains le triste sort.
  Je ne devois venger ta mort
  Que sur Terée, ou sur moy-même.

                              On entend une agreable Symphonie.

Qu'entens-je! quels concerts! quelle aimable harmonie!
    Est-ce sa douceur infinie,
Ou ma foiblesse, helas! qui calme mes transports?
Je vois des Matelots paroître sur ces bords.
Approchons.

SCENE QUATRIEME.

PHILOMELE, LE CHEF DES GENIES,
Troupe de GENIES déguisez en Matelots.

LE CHEF DES GENIES.

B Elle Princeſſe,
Minerve vous tient ſa promeſſe,
Reconnoiſſez ſon ſecours.
Des plus affreux dangers elle a ſauvé vos jours,
Il ne luy reſte plus qu'à vous rendre à la Grece.

Vents, dont les bruyantes haleines.
Font voler & la flâme & la mort en ces lieux,
N'agitez plus les airs, ceſſez Vents furieux.
Le Tyran, l'ennemy des Dieux.
Souffre dans ce moment d'aſſez cruelles peines.
N'agitez plus les airs, ceſſez Vents furieux,
Allez, allez regner ſur les humides plaines,
Vous nous eloignerez de ces bords odieux.

CHOEUR des GENIES, à PHILOMELE.

Quittez ce funeſte rivage,
Venez, Princeſſe, embarquez-vous.

PETIT CHOEUR.

Les vents, & l'orage
Sont bien moins à craindre pour nous
Que ce funeſte rivage.

LE CHEF DES GENIES.

La Thrace a trop long-temps joüy de vôtre peine.

PHILOMELE.

Mais du moins sur ces bords ne laissons pas la Reine,
Pandion, dans son sein doit recevoir nos pleurs,
Un desastre commun luy fait revoir ses Filles.
De la plus triste des familles
Nous luy devons ensemble apprendre les malheurs.

Les MATELOTS expriment par leurs Danses la joye
qu'ils ont de délivrer PHILOMELE du lieu
de sa captivité, & de ses malheurs.

UN MATELOT.

Heureux qui pourroit se deffendre
D'un amoureux engagement !
Le bien charmant
Que l'on nous fait attendre,
N'est qu'un tourment :
L'Amour souvent
Rend le cœur le plus tendre
Le moins content.

Leurs Danses sont interrompuës par l'arrrivée
de PROGNE'.

SCENE CINQUIE'ME.

PHILOMELE, PROGNE',
Troupe de MATELOTS.

PROGNE'.

ENfin, je l'ay puny, le Traitre, le Parjure.
Dans son sang le plus cher, j'ay lavé mon injure.
Son Fils expire, allons, quittons ces lieux.
Ces spectacles d'horreur luy feront mes adieux.

PHILOMELE.

Ah ! quelle fureur est la vôtre !
Quoy ! falloit-il punir un crime par un autre ?

PROGNE'.

Où suis-je ! qu'ay-je fait ? quel Démon me poursuit...
Le desespoir de mon ame s'empare.
Mere impitoyable, & barbare.
O Festes de Bachus ! ô trop fatale Nuit !

Allons ma Sœur, allons dans quelqu'Antre sauvage,
Enfermer ma honte & ma rage.

CHOEUR.

Quittez ce funeste rivage,
Allons, embarquons-nous :
Les vents & l'orage,
La mort, le naufrage
Sont bien moins à craindre pour vous
Que ce funeste rivage.

PROGNE', & PHILOMILE partent pour s'embarquer.

S C E N E S I X I E'M E,

ET DERNIERE.

TERE'E feul, tenant à la main le poignard
dont il a trouvé fon Fils percé.

ARreftez, arreftez... n'efperez pas
Echaper à ma vengeance.
Quels Mortels ! quels Démons prennent vôtre deffenfe?
Allez, pour vous punir, c'eft affez de mon bras.

Dieux des Mers, Neptune, Thetis,
Si pour les engloutir vous n'ouvreZ vos abîmes,
Je vous croiray complices de leurs crimes...

N'invoquons plus des Dieux qui font fourds à nos cris.
Au deffaut du Trident implorons le Tonnerre.
Toy, fi tu fçais punir les crimes de la terre,
Maître des Dieux, Pere des Rois,
Ecoûte ma mourante voix.

Mon Fils eft égorgé par l'horrible Megere,
Qu'un nœud fatal a fait mon Epoufe & fa Mere.
Pour prix de mes bienfaits fa déteftable Sœur,
Remplit ma Cour de carnage, & d'horreur.

Ah! leur impunité braveroit ta puiſſance.
Tu dois à l'univers une illuſtre vengeance,
D'un Pere, d'un Epoux, d'un Amant, & d'un Roy.
  Il ne m'écoûte point. Et toy
Dieu des Combats dont je tiens la naiſſance,
  Tu laiſſes ton Fils ſans deffenſe.

Ah! terminons plûtôt ma honte & mes douleurs;
  C'eſt trop voir le Ciel que j'abhore:
Du plus pur de mon ſang ce poignard fume encore:
Achevons de perir...Ah! c'en eſt fait ... je meurs.

FIN DU CINQUIE'ME, & DERNIER ACTE.

PRIVILEGE GENERAL.

LOUIS PAR LA GRACE DE DIEU, ROY DE FRANCE ET DE NAVARRE à nos amez & feaux Conseillers, les Gens tenant nos Cours de Parlement, Maîtres de Requêtes ordinaires de nôtre Hôtel, Grand Conseil, Prévôt de Paris, Baillifs, Senêchaux, leurs Lieutenans Civils, & à tous autres nos Justiciers qu'il appartiendra, SALUT: Nôtre bien amé le Sieur JEAN NICOLAS DE FRANCINI, l'un de nos Conseillers, Maître d'Hôtel ordinaire, interessé conjointement avec le Sieur HYACINTHE DE GAUREAULT Sieur Du MONT, l'un de nos Ecuyers ordinaires, & de nôtre tres-cher & bien amé Fils le Dauphin au Privilege que nous leur avons accordé, pour l'Academie Royale de Musique, par nos Lettres Patentes du 30. Decembre 1698. Nous ayant fait remontrer qu'il desiroit donner au Public un RECUEIL GENERAL DES OPERA, REPRESENTEZ PAR L'ACADEMIE ROYALE DE MUSIQUE, DEPUIS SON ETABLISSEMENT, ET QUI SERONT REPRESENTEZ CY-APRE'S, s'il nous plaisoit luy accorder nos Lettres de Privilege sur ce necessaires, attendu les grandes dépenses qu'il convient faire, tant pour l'Impression que pour la Gravure en Taille-douce des Planches dont ce Livre sera orné. Nous avons permis & permettons par ces presentes au dit Sr DE FRANCINI, de faire imprimer ledit RECUEIL par tel Imprimeur, & en telle forme, marge, caractere que bon luy semblera, en un ou plusieurs Volumes, conjointement ou separément, & de le faire vendre & distribuer dans tout nôtre Royaume, pendant le temps de six années consecutives, à compter du jour de la datte des presentes. FAISONS D'EFENSES à tous Imprimeurs, Libraires, & à tous autres de quelque qualité & condition qu'ils puissent être, de contrefaire ledit RECUEIL en tout, ni en partie; ni même les Planches & Figures qui l'accompagnent, & d'en faire venir ni vendre d'impression étrangere, sans le consentement par écrit de l'Exposant, ou de ceux à qui il aura transporté son Droit, à peine de trois mille livres d'amende contre chacun des contrevenans, dont un tiers à l'Hôtel-Dieu de Paris, un tiers à l'Exposant, & l'autre au Dénonciateur & de confiscation des Exemplaires contrefaits, que nous voulons être saisies par tout où ils se trouveront, & de tous dépens, dommages & interests: à la charge que ces presentes seront registrées és Registres de la Communauté des Imprimeurs & Libraires de Paris que l'impression desdits Opera, sera faite dans nôtre Royaume, & non ailleurs, & ce en bon Papier & en beau Caractere conformement aux Reglements de la Librairie, & qu'avant que de l'exposer en vente, il en sera mis deux Exemplaires dans nôtre Bibliotheque publique, un dans le Cabinet des Livres de nôtre Château du Louvre, & un dans celle de nôtre tres-cher & feal Chevalier Chancellier de France le Sieur Phelypeaux, Comte de Pontchartrain, Commandeur de nos Ordres; le tout à peine de nullité des presentes: du contenu desquelles, nous vous mandons & enjoignons de faire joüir l'Exposant, ou ses ayants cause pleinement & paisiblement, sans souffrir qu'il leur soit fait aucun trouble ou empêchement. VOULONS que la copie de ces presentes, qui sera imprimée, dans ledit Livre, soit tenuë pour bien & düement signifiée, & qu'aux copes collationnées, par l'un de nos amez & feaux Conseillers-Secretaires, foy soit ajoûtée comme à l'Original. COMMANDONS au premier nôtre Huissier ou Sergent sur ce requis, de faire pour l'exécution des presentes, tous Actes requis & necessaires, sans demander autre permission, nonobstant Clameur de Haro, Charte Normande, & Lettres à ce contraires: CAR tel est nôtre plaisir. DONNÉ à Versailles le dixiéme jour de Juin, l'An de grace 1703. Et de nôtre Regne, le soixante-uniéme. PAR le ROY, en son Conseil. Signé, LE COMTE, avec Paraphe, & scellé.

Ledit Sieur DE FRANCINI a fourny le present Privilege à *Christophe Ballard*, seul Imprimeur du Roi pour la Musique, pour en joüir en son lieu & place, suivant leurs conventions.

Registré sur le Livre de la Communauté des Imprimeurs & Libraires, conformément aux Reglements, à Paris le 12. Juin 1703. Signé TRABOUILLET, Syndic.

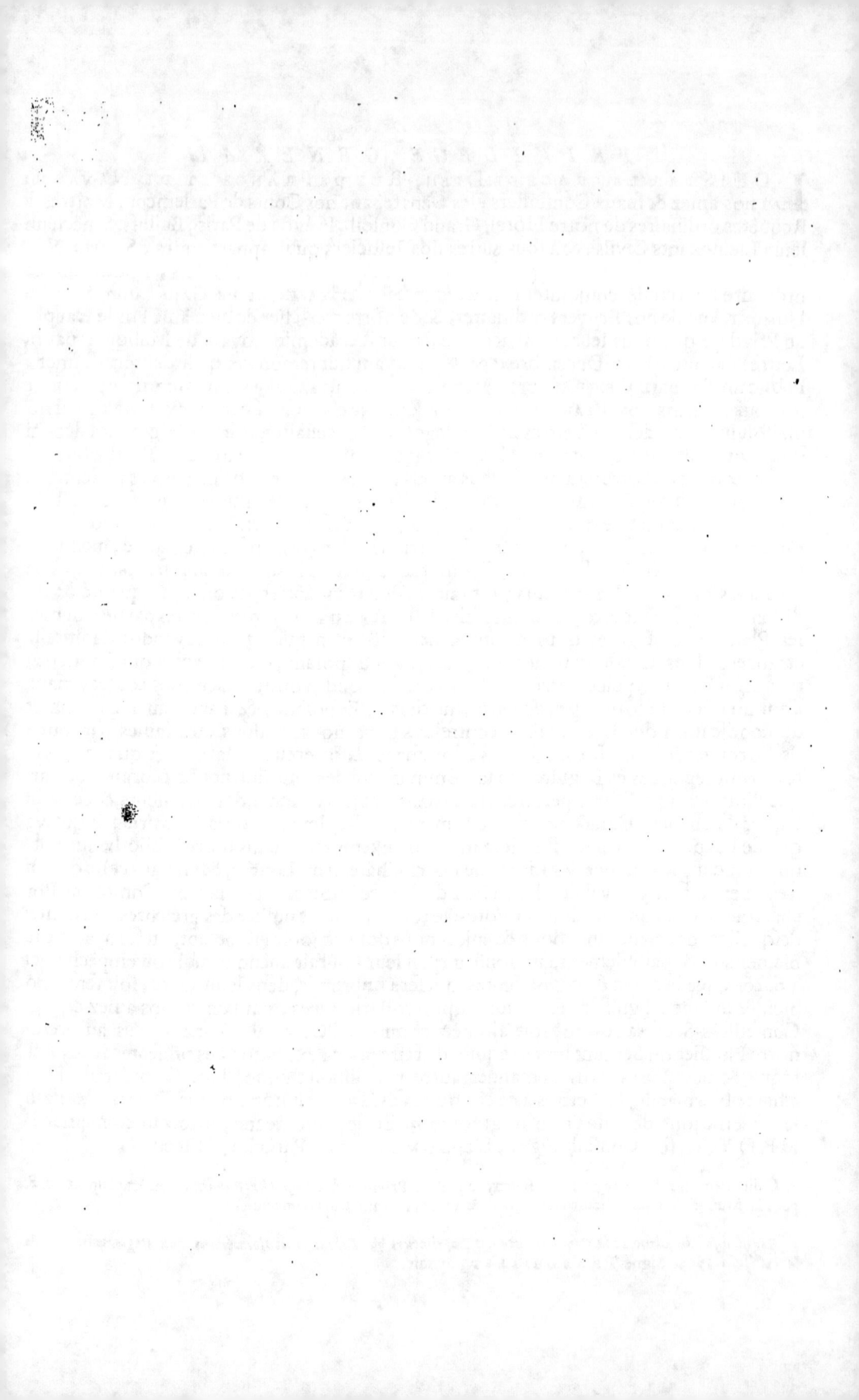

www.ingramcontent.com/pod-product-compliance
Lightning Source LLC
LaVergne TN
LVHW022016080426
835513LV00009B/755